Bibliothèque Syndicale et Ouvrière

N° 13

Léon ARISTID

Sages Conseils

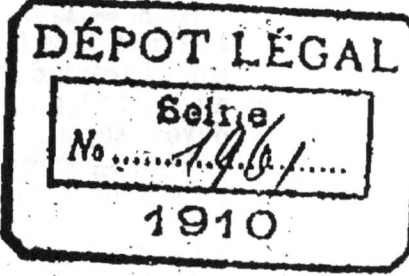

PARIS
IMPRIMERIE TÉQUI ET GUILLONNEAU
3 bis, RUE DE LA SABLIÈRE (XIVᵉ)

Bibliothèque Syndicale et Ouvrière

Cette bibliothèque se compose d'une série de petites brochures destinées à être distribuées après une réunion par les soins d'un comité soit aux ouvriers, soit aux jeunes gens.

N° 1. — **Le Roi Salomon** ou la **Vente à crédit**. Combat le procédé juif de la vente par abonnement.

N° 2. — **Un soir d'hiver**, étude sociale prise sur le vif, montrant le rôle désastreux du franc-maçon dans la commune ou le canton.

N° 3. — **La Terre libre**, où l'on raconte avec humour l'échec d'une caravane d'ouvriers voulant vivre dans le collectivisme.

N° 4. — **Fumistes!** Cinq études mettant à découvert les tartuferies des meneurs socialistes.

N° 5. — **Victimes!** Divers récits par lesquels on montre le tort considérable fait aux travailleurs par certaines dispositions législatives.

N° 6. — **Le vrai Syndicat.** Piquant récit qui met en évidence les avantages et les bienfaits d'un groupement professionnel basé sur l'entente entre le capital et le travail.

N° 7. — **Grève manquée.** Intéressant épisode dans lequel le jeu de certains gréviculteurs est mis à jour et donne aux ouvriers sérieux le dégoût de ces professionnels du désordre.

N° 8. — **L'Héritage de Balédent.** Aventure fantastique dans laquelle on montre un prolétaire, devenu un heureux du siècle, s'intéressant avec intelligence au sort des malheureux et accomplissant ainsi son devoir social.

N° 9. — **Pensez à demain.** Récits pleins d'intérêts, puisés dans la vie ouvrière, exhortant les travailleurs à compter beaucoup sur eux-mêmes pour bien conduire le budget de la famille.

N° 10. — **Soutane et Blouse.** Histoire anecdotique où l'on montre par les faits comment un curé soucieux d'attirer à lui les travailleurs, a transformé une cité ouvrière dans laquelle on disait couramment que le curé était un homme inutile dont on pouvait fort bien se passer.

N° 11. — **Tous Mutualistes!** Episode pris dans le vif, montrant l'heureuse influence de la mutualité pour rendre l'ouvrier plus prévoyant et meilleur.

Conditions de vente :
0 fr. 10 l'ex.; 8 fr. le cent; 60 fr. le mille.

La Leçon du Pierrot

Le père Vignal venait de recevoir trois lettres. Très intrigué, il était rentré chez lui, avait chaussé ses lunettes et s'était mis en devoir de dépouiller cette correspondance multiple et inattendue.

D'ordinaire, si le facteur s'arrêtait à de très rares intervalles, chez le père Vignal, c'était simplement pour lui remettre quelque prospectus, ou encore un catalogue de maisons de machines agricoles. Pour ce qui était d'une lettre, il était parfois six mois sans en recevoir une, et voilà qu'il lui en arrivait trois d'un seul coup ! Qu'est-ce que cela pouvait bien vouloir dire ?

Pour en avoir le cœur net, il ouvrit une des trois enveloppes et en tira une lettre qui avait juste trois lignes; elle disait tout simplement :

Mon cher père,

Je me suis souvenut que dimanche prochain ses votre faite je viendrez vous la souaitée ave ma femme et les gosse.

Votre fils pour l'avie

Jacques VIGNAL.

« Tiens, tiens, murmura le vieux paysan, qu'est-ce que ça veut dire ? Enfin voyons les autres. »

Et il rompit le cachet de la seconde lettre, laquelle disait textuellement :

Cher papa,

J'espère que vos rumatisses ne vous font pas trop souffrire par ses temps de brouyard je viendré vous souater votre fête dimanche et prandre an même temps des nouvelle de votre santée.

Votte fils afequecioné
Louis VIGNAL.

« Diable, ronchonna le père Vignal, ça se complique. » Il décacheta la troisième lettre, et lut :

Mon cher papa,

Moi et mon mari, nous avions peur de ne pas pouvoir allés dimanche vous souater votre fête, à cause de notre petite qui fait ses dans en ce momant et qui est fort désagréable; mais une voisine veut bien nous la gardez et nous aurons le plaisir d'aller vous embrassez dimanche. Nous arriveront pour déjeuner.

Votre fille respectueuse
Anna GILOT.

« Décidément, s'écria Vignal, en assénant un grand coup de poing sur la table, je n'y comprends plus rien ! Il doit y avoir quelque anguille sous roche. Enfin, nous verrons bien ! »

* *

Vignal était un de ces paysans de vieille race, âpres au gain, durs au travail, chez qui le désir d'arrondir leur domaine et celui de remplir leur bas de laine, priment en général, tout autre sentiment. Pendant près de quarante années, Vignal avait peiné, trimé, économisé sou à sou, pour acquérir le bien qu'il possédait, et qui était assez « conséquent », comme on dit dans le village. Il avait élevé convenablement ses trois enfants, qui, à douze ans, avaient quitté l'école pour se rendre utiles aux champs et dans les vignes; Vignal et sa femme avaient toujours donné à leurs mioches un large nécessaire, mais peu de superflu;

toujours, la miche de pain était à leur disposition dans la huche, mais par contre, les douceurs et les caresses étaient plutôt rares ; les Vignal étaient des gens pratiques, mais peu sentimentaux, et, sur ce point, les enfants devaient leur ressembler. Ce fut d'ailleurs ce qui arriva. Lorsqu'ils furent mariés, les parents ne les virent plus qu'à de rares intervalles, le plus souvent, lorsqu'ils les rencontraient sur quelque marché. Pendant longtemps, les Vignal, fils et fille, s'étaient cependant rencontrés à peu près régulièrement une fois par an chez leurs parents le jour de la fête du village, mais depuis la mort de la mère Vignal, l'habitude avait été perdue, et le père n'avait plus, avec sa descendance, que de brèves et lointaines relations.

Le vieux paysan pouvait donc à bon droit s'étonner que ses trois enfants se soient souvenus, cette année-là, qu'il s'appelait Bernard, et que la Saint-Bernard tombait le 20 mai. C'était d'autant plus extraordinaire, que jamais ni l'un ni l'autre n'avait songé à lui souhaiter sa fête. Comme il le disait, il devait y avoir quelque anguille sous roche.

***

Le dimanche suivant, sur le coup de dix heures du matin, les deux fils arrivèrent, avec les deux brus. Après les premières effusions, le père alla choisir dans la basse-cour deux coqs et un lapin et les deux brus se mirent à confectionner le déjeuner, pendant que les fils s'entretenaient avec le père de l'état des récoltes, du prix des veaux et des dernières gelées qui avaient causé tant de tort aux pommiers.

A onze heures moins dix, la fille et le gendre

arrivèrent à leur tour, et à midi sonnant, tout le monde se mit à table, et fit largement honneur au déjeuner.

Lorsque les estomacs furent à peu près garnis, les langues se délièrent.

Chacun s'accordait à trouver que le père avait bonne mine, qu'il était droit comme un I, et encore alerte, malgré ses 68 ans.

Le vieux, sans en avoir l'air, était sensible aux compliments; il lui était agréable d'entendre vanter sa verdeur, et proclamer que l'âge ne lui avait rien enlevé de ses facultés mentales, ni de sa robustesse; il crut pourtant devoir se plaindre :

— Ah! si je n'avais pas mes rhumatismes! dit-il, je serais encore aussi solide qu'à quarante ans, et je n'aurais besoin de personne pour faire valoir mon bien!

— Le fait est, dit le fils aîné, que ce n'est pas raisonnable pour un homme de votre âge, de vous lever à trois heures du matin pour aller piocher vos vignes; vous feriez mieux de rester tranquillement dans votre lit jusqu'à huit heures.

— D'autant plus, appuya le gendre, que vos moyens vous le permettent; pourquoi ne prenez-vous pas un ou deux hommes de journée qui feraient votre ouvrage ?

— J'aime mieux le faire moi-même, répliqua le vieux. Je trouve que c'est bien suffisant de payer des ouvriers pour la moisson et pour la vendange.

— Il y aurait bien encore un autre moyen, insinua le second fils, et je crois que ce serait pour vous le plus avantageux, en même temps le plus raisonnable.

— Voyons voir? dit en souriant le père Vignal.

— Eh bien, ce serait de nous partager vos terres ; de cette façon vous seriez sûr qu'elles seraient en bonnes mains, et vous pourriez vous reposer. On vous servirait de bonnes petites rentes, ou, ce qui serait encore mieux, vous viendriez demeurer trois mois chez l'un, trois mois chez l'autre ; ce serait à qui vous soignerait le mieux, vous n'auriez qu'à fumer votre pipe tranquillement, au soleil en été, au coin du feu en hiver ; en un mot, vous n'auriez plus de souci, vous seriez pour de bon un rentier, et sûrement, avec votre santé, vous vivriez jusqu'à cent ans, et peut-être davantage.

Tout le monde avait écouté attentivement cet alléchant programme, et lorsque Louis Vignal eut terminé, les fils et les brus, le gendre et la fille, se tournèrent vers le vieux, attendant avec anxiété sa réponse.

Le père Vignal semblait accueillir la proposition sans hostilité ; mais avant de se prononcer, il voulut avoir l'avis de tous les intéressés.

— Est-ce que ceci vous plairait à tous ? demanda-t-il.

Tous déclarèrent être partisans du partage, surtout, bien entendu, dans l'intérêt du père.

— En ce cas, dit le vieux, puisque vous êtes tous d'accord, je ne dis pas non.

Les fils et les brus échangèrent des clignements d'yeux qui évidemment signifiaient « ça y est ! ».

Mais le vieux reprit :

— Je ne dis pas non et je ne dis pas oui. Vous comprenez, c'est une chose sérieuse, et qui ne peut pas se décider en cinq minutes, j'ai besoin de réfléchir et voilà ce que je vous propose. Vous reviendrez déjeuner avec moi le jour de la fête du pays, à la Pentecôte ;

c'est-à-dire dans trois semaines, et je vous ferai connaître ma réponse. Ça va-t-il?

Les enfants déclarèrent que ça allait.

Vers les trois heures de l'après-midi, ils quittèrent leur père, en lui recommandant de bien se soigner et de ne pas sortir le matin avant que le brouillard ne soit levé.

— Croyez-vous qu'il acceptera? demanda le gendre au fils aîné, lorsque tous furent sortis de la maison.

— Il acceptera sûrement, déclara Jacques; soyez certain que si la proposition n'avait pas été de son goût, il se serait mis dans une colère épouvantable et il nous aurait tous fichus à la porte séance tenante !

Trois semaines plus tard, au jour de la Pentecôte, les fils, la fille, les brus et le gendre du père Vignal ont été exacts au rendez-vous ; il n'y a pas un seul manquant.

Le repas tire à sa fin, et le vieux a l'air d'excellente humeur.

Les enfants paraissent, eux, un peu inquiets, et semblent attendre quelque chose qui ne vient pas ; ils se jettent, à la dérobée, des regards interrogateurs et les genoux se concertent sous la table.

Enfin l'aîné des fils se hasarde:

— Alors, père, c'est aujourd'hui que vous allez nous donner la réponse au sujet .....

— Du partage, oui, garçon, nous allons en causer ; mais auparavant, laissez-moi vous conter une expérience que j'ai faite la semaine dernière.

Vous savez que depuis au moins trente ans, plusieurs générations de pierrots ont l'habitude de faire leurs nids sous la toiture du grenier ?

— Oui, oui, nous savons !

— Donc, la semaine dernière, je monte au

grenier, et je vois un pierrot sortir de sous une tuile ; je fourre ma main sous la tuile, et je tire un nid qui contenait six petits, avec des plumes, tout prêts à s'envoler. Je prends les six pierrots, je les mets dans une cage que j'accroche au-dessus de la porte du grenier, après la poulie qui sert à monter les sacs.

Et puis, je descends. Arrivé en bas, je lève les yeux et, qu'est-ce que je vois : le père et la mère pierrots qui volent autour de la cage, en poussant des cris, et en regardant s'ils ne pourraient pas délivrer leurs enfants. Amusé par ce manège, je vais m'asseoir sur le banc de pierre, auprès du portail, et j'observe mes pierrots.

Au bout de dix minutes, ayant sans doute reconnu qu'il leur était impossible de délivrer les prisonniers, le père et la mère s'en vont, puis reviennent presque aussitôt, rapportant dans leur bec des grains de blé ou des insectes, qu'ils passent aux petits, à travers les barreaux de la cage ; le lendemain, puis le surlendemain, le même manège recommença ; toute la semaine, ce fut la même chose. Le dimanche matin, de bonne heure, j'installe un trébuchet, près de la cage, et je prends le père et la mère, puis j'ouvre la cage aux six petits pierrots qui s'empressent de reprendre leur liberté. J'enferme à leur place le père et la mère. Et je raccroche la cage à la poulie.

Eh bien, le croiriez-vous ? jamais un seul des enfants n'est venu apporter à manger au père et à la mère ; j'ai eu beau surveiller la cage, rester des demi-heures le nez en l'air à guetter, je n'ai jamais revu, même la queue d'un petit pierrot.

Cette expérience m'a prouvé que rien n'est changé dans la nature, depuis que La Fontaine a écrit ses fables. Aujourd'hui comme dans ce temps-là, l'exemple des bêtes doit servir aux gens de règle de conduite. Les parents sont faits pour subvenir aux besoins des enfants, c'est entendu ; mais ce serait folie, de la part des parents, que de compter sur la reconnaissance des enfants ; aussi, je profiterai de la leçon que m'a donnée ma famille de pierrots. Je garde mon bien. Je tâcherai d'ailleurs de le conserver en bon état jusqu'au moment où vous vous le partagerez... quand je serai mort.

Et maintenant que la question est réglée, parlons d'autre chose, voulez-vous ?

...

Les enfants du père Vignal se séparèrent ce jour-là sans grandes effusions, et rentrèrent chez eux tristes, le cœur serré, comme des gens qui viennent d'enterrer un vieil ami... ou un beau rêve !

II

Fourmi & Cigale

C'est dimanche. Il fait beau. Branchu en a profité pour conduire sa petite famille au bois de Vincennes.

Quand nous disons « sa petite famille » c'est une façon de parler, car en réalité la petite famille de Branchu se compose de six gosses, tous venus à moins de deux ans d'intervalle.

Les deux derniers sont restés à la maison avec la maman, car ils sont trop petits et ne peuvent pas encore marcher.

Branchu dirige vers le lac Daumesnil sa petite troupe composée de Germaine, onze ans, Nicolas, neuf ans et demi, Lucien, huit ans et Charlotte qui va attraper ses six ans ; il porte dans un filet toute une flotte en miniature, navires de commerce à voiles, cuirassés, dont le blindage a été découpé dans des boites à sardines, torpilleurs en tôle galvanisée ; il y a même un sous-marin qui fonctionne à merveille, mais qui est incapable de lancer la moindre torpille.

Tous ces jouets ont été fabriqués par le brave homme le soir, à ses moments perdus. N'étant pas assez riche pour acheter dans les bazars des jouets de luxe à toute sa ribambelle de mioches, il les confectionne lui-même avec beaucoup d'adresse et de goût.

Comme Branchu précédé de ses gosses continuait tranquillement à se diriger vers le lac, il vint à passer devant une touffe de noisetiers, dans laquelle il remarqua une branche très droite, longue de plus de deux mètres ; il songea que ce serait là une perche qui conviendrait très bien tout à l'heure pour ramener vers le bord, les embarcations qui tenteraient de s'en éloigner par trop.

En moins d'une minute, l'ouvrier avait saisi son couteau et coupé la branche ; maintenant, il terminait son travail en ôtant les feuilles et en rasant soigneusement les nœuds du bois.

Tout à coup, le petit Lucien qui avait quitté la troupe pour s'intéresser à ce que faisait son père, le tira brusquement par la manche :

— P'pa !

— Qu'est-ce qu'il y a ? demanda Branchu qui, tout surpris, avait manqué de s'entailler le doigt.

— Regarde, reprit Lucien sans s'émouvoir, l'monsieur, y te dit bonjour !

L'ouvrier leva la tête et vit, en face de lui, un grand escogriffe de mine assez piteuse, et dont la mise décelait assez une situation peu fortunée.

— Tiens, Jandel ! fit Branchu ; que diable fiches-tu par ici ! Où travailles-tu maintenant ?

— Nulle part, je suis sans travail depuis deux mois, et je n'en mène pas large ; je te dirai même que je suis dans une purée noire.

— Ça ne change guère tes habitudes, riposta assez sèchement Branchu.

*
* *

Nous devons ici ouvrir une courte parenthèse, pour apprendre au lecteur que Branchu est homme de peine chez un peintre décorateur. Il gagne à ce métier trente-cinq francs par semaine, et c'est avec cette faible somme qu'il lui faut nourrir, loger et vêtir tout son monde.

Ce n'est pas une petite affaire, et nous n'étonnerons personne en disant que chez lui on ne mange pas des poulets ou des biftecks tous les jours.

Pourtant, malgré la modicité de ses ressources, Branchu est loin d'être dans la misère.

Sa femme est une excellente ménagère, économe et avisée, qui connaît la valeur d'une pièce de cent sous, et ne dépenserait pas un liard mal à propos.

Depuis quelque temps, Germaine, qui est à présent une petite femme, aide sa mère aux travaux du ménage; et grâce à son concours, Mme Branchu peut exécuter chez elle quelques raccommodages dont le produit arrive presque à payer le loyer.

De sorte que le brave travailleur, qui n'a jamais été habitué à rouler sur l'or, se considère, malgré ses charges de famille, comme un homme parfaitement heureux.

Quelquefois, cependant, il regrette de n'avoir pas pu comme tant d'autres apprendre un métier, un vrai. Ainsi, il y a chez son patron des décorateurs qui arrivent à gagner jusqu'à 70 ou 80 francs par semaine.

S'il avait le bonheur de toucher un salaire aussi élevé, comme son livret de caisse d'épargne serait vite rempli! — car, nous avions oublié de le dire, Branchu possède un livret de caisse d'épargne — tandis que la plupart de ces privilégiés semblent ne pas connaître la valeur de l'argent et le dépensent à tort et à travers. Voilà, par exemple, Jandel, qui était un des meilleurs ouvriers de la maison et qui gagnait jusqu'à quinze francs par jour, eh bien ! il arrivait très souvent que le vendredi ou le samedi, parfois même le jeudi, Jandel n'avait plus un sou en poche, et venait le prier, lui, Branchu, de lui prêter quarante sous pour payer son déjeuner.

Comment peut-il y avoir au monde des gens aussi dépensiers? Si bien qu'un jour, le patron agacé d'être toujours assailli de réclamations de la part des bistros, restaurateurs et hôteliers, fournisseurs de Jandel, avait, pour être tranquille, flanqué le dit Jandel à la porte.

**

Cependant, Jandel restait debout devant Branchu, le regard fixé à terre, l'air embarrassé; les enfants, eux, considéraient d'un regard hostile cet intrus, qui venait retarder l'heureux instant où ils pourraient lancer dans l'eau boueuse du lac leur flottille minuscule.

— Alors, comme ça, dit Branchu, tu es tout à fait à sec?

— Tout à fait, répondit Jandel, je n'ai pas déjeuné ce matin et je risque fort de ne pas dîner ce soir!

— Eh bien ! écoute, je veux bien t'aider un peu, quoique tu ne le mérites guère. Tu sais où j'habite, viens me trouver, vers 7 heures, ce soir, sans avoir l'air de rien, tu dîneras avec nous, et je te prêterai une pièce de cent sous, afin que tu puisses coucher ailleurs que dans la rue.

Par exemple, je ne réponds pas que la bourgeoise te fera un accueil très chaleureux ; à part ça, tu sais, c'est de bon cœur!

Lorsque Jandel se fut éloigné, il fallut que Branchu donnât à ses mômes de multiples explications sur le « monsieur » que l'on venait de rencontrer.

— Voyez-vous, mes enfants, leur dit-il, ce « monsieur » quand il était un petit garçon, au lieu de mettre les sous qu'on lui donnait dans une tirelire, allait tout de suite acheter des bonbons ou des toupies, et plus tard, ayant grandi, il a conservé cette mauvaise habitude ; au lieu de mettre de l'argent de côté quand il travaillait, il dépensait tout au fur et à mesure, et à présent, qu'il n'a plus d'ouvrage, il est forcé de coucher dehors et il n'a rien à manger.

Voilà ce que c'est de manquer de prévoyance !

— Alors, dit Nicolas, il a fait comme la cigale dont le maître nous a raconté l'histoire, l'autre jour à l'école ?

— Tout à fait, dit Branchu.

— Et toi, tu as fait comme la fourmi, tu l'as renvoyé ?

— Non, car il faut toujours avoir pitié des malheureux, même quand ils le sont par leur faute ; il viendra ce soir dîner chez nous, et je vous demande de ne pas dire à votre mère que nous l'avons rencontré, parce qu'elle me gronderait...

En arrivant au lac, très rapidement la flotte fut mise à l'eau et un combat naval s'engagea qui ne devait cesser qu'aux dernières lueurs du jour.

Le soir, Jandel n'eut garde de manquer à l'invitation qu'il avait reçue, mais cet étourdi de Lucien faillit tout gâter, car il s'écria en le voyant entrer :

« Tiens ! voilà la cigale !... »

III

UN CALOTIN

C'est le samedi de paye. Il est huit heures du soir. Coquillard, Loriot et Baudru sortent de chez le bistro ; les deux premiers sont d'excellente humeur, mais il n'en est pas de même de Baudru, à qui le zanzibar n'a pas été favorable, et qui a dû payer à lui seul les multiples consommations absorbées par le trio.

Pendant que ses camarades chantent joyeusement, Baudru fait mentalement le calcul suivant :

— J'ai touché trente-deux francs, je devais six francs cinquante au troquet, reste vingt-cinq francs cinquante ; j'ai perdu six tournées à douze sous, ça fait trois francs soixante : il me reste donc vingt et un francs et dix-huit sous. Mince de dèche ! C'que la bourgeoise va encore me raconter !...

Soudain, ces pénibles réflexions furent interrompues par une brusque bourrade de Coquillard, accompagnée de ces mots, prononcés à voix basse :

— Attention ! v'là un curé !

En effet, un prêtre s'avançait dans la direction des trois ouvriers. Il se trouvait sur le même trottoir et marchait d'un pas rapide, semblant dissimuler quelque chose sous sa soutane.

Comme les trois compagnons occupaient toute la largeur du trottoir, le prêtre descendit sur la chaussée et, après avoir dépassé les ouvriers, reprit le trottoir.

Alors, Coquillard se retourna, et d'une voix enrouée cria :

— La calotte, hou! hou!!

Le prêtre continuait son chemin comme s'il n'avait rien entendu.

— Ha! Ha! ricana Coquillard, il n'a pas l'air rassuré, le frocard; pas de danger qu'il réponde, il a peur de se faire houspiller!

— Il a sans doute autre chose à faire qu'à perdre son temps avec vous, riposta Baudru; faut tout de même en avoir une couche, pour insulter des gens qui ne vous disent rien!

— De quoi, de quoi! dit à son tour Loriot. Monsieur se mêle de faire de la morale aux copains? Monsieur en tient pour la calotte? fallait donc le dire tout de suite!

— Je ne suis pas plus calotin qu'un autre, répondit Baudru; seulement je suis d'avis de respecter tout le monde, et je ne vois pas pourquoi vous criez après cet homme qui, malgré qu'il ait une soutane sur le dos, vaut probablement mieux que vous.

Cette fois, Loriot et Coquillard restèrent coi; les trois compagnons continuèrent leur chemin sans se parler et comme Baudru arrivait devant sa porte, il entra, quittant ses camarades sans même leur dire bonsoir.

.*.

Le lundi suivant, en arrivant à l'usine, Baudru sentit qu'il se passait quelque chose d'anormal; à plusieurs reprises, il s'aperçut que ses camarades le regardaient d'un air railleur; il se demandait ce que pouvait signifier une semblable attitude, lorsqu'un des ouvriers vint le trouver et d'un air tout à fait naturel lui demanda :

— Est-ce qu'il y avait beaucoup de monde à la messe, hier?

Baudru, qui n'avait pas mis les pieds à l'église, depuis son mariage, était loin de s'attendre à une semblable question. Il fut si surpris qu'il lui fut impossible de trouver une réponse. Brusquement l'ouvrier lui tourna le dos et, riant aux éclats, alla raconter aux copains le bon tour qu'il venait de jouer.

Toute la journée, ce fut un feu roulant de raillerie et de lazzis.

Baudru vit tout de suite d'où venait le coup et n'eut pas de peine à deviner que ses camarades Loriot et Coquillard étaient les auteurs de la cabale montée contre lui; mais comme il avait bon caractère, il ne se fâcha pas, et le soir, pour prouver qu'il n'avait pas de rancune, il alla trouver Loriot et lui dit :

— Viens-tu prendre l'apéritif?

— J'allais y aller, répondit Loriot, mais pas avec toi; depuis que je te sais enrôlé dans l'armée des « ratichons », c'est fini entre nous.

— Comme tu voudras, répondit Baudru.

Et pour la première fois depuis son entrée à l'usine, il rentra chez lui sans prendre son absinthe anisée.

Le lendemain, la scie recommença. Toute la journée, Baudru fut en butte aux plaisanteries de ses camarades; l'un lui demandait de lui procurer un billet de confession, un autre vint lui apporter dans une enveloppe cachetée un vieux numéro du journal *La Croix*.

L'ouvrier garda en présence de tous ces sarcasmes un calme imperturbable. Pendant son déjeuner, il se mit à lire avec une profonde attention le journal qu'on lui avait donné et déclara qu'il l'avait trouvé très intéressant.

Cette attitude ne faisait nullement l'affaire de Loriot et de Coquillard, qui avaient espéré que leur victime finirait par se fâcher ; déjà plusieurs ouvriers mettaient en doute le récit fait par eux de l'incident du samedi de paye ; d'autres attribuaient l'accès de mauvaise humeur de Baudru à sa malchance au zanzibar ; enfin, on pouvait croire que les anticléricaux de l'usine allaient enfin laisser tranquille le pauvre Baudru, lorsque celui-ci eut la mauvaise inspiration de narguer ses adversaires.

Le mercredi, vers une heure moins dix, comme les ouvriers fumaient leur cigarette à la porte de l'usine en attendant le coup de cloche, un prêtre vint à passer. La présence de quelques contremaîtres suffit à empêcher toute manifestation hostile, mais lorsque le prêtre arriva à la hauteur de Baudru, celui-ci s'avança d'un pas et, soulevant sa casquette, il dit d'une voix forte :

— Bonjour, monsieur le curé !
— Bonjour, mon ami, répondit le prêtre.

Inutile de dire que pendant tout l'après-midi les tracasseries recommencèrent de plus belle.

A un certain moment, un ouvrier qui demeurait dans la même maison que Baudru s'approcha de lui et lui demanda s'il y avait longtemps qu'il ne s'était confessé.

— Ça, c'est mon affaire, répondit l'ouvrier ; seulement je m'étonne que ce soit toi qui vienne me poser une semblable question, car lorsqu'on se fait nourrir par les sœurs et qu'on fait habiller ses enfants par les curés, on ne devrait rien dire contre eux !

Cette réponse, prononcée à haute voix, suffit à clouer le bec au farceur dont la femme, malade depuis plusieurs mois, était en effet soignée et secourue par les sœurs de Saint-Vincent-de-Paul.

*
* *

Le samedi suivant Baudru eut une agréable surprise. Lorsqu'il sortit de l'usine, sa paye en poche, il se dirigea machinalement, suivant son habitude, vers la boutique du « bistro ». Mais au moment d'en franchir le seuil, il se souvint fort à propos qu'il n'y avait pas mis les pieds de toute la semaine, et que par conséquent il n'avait pas de dettes à payer. Et comme il reconnut à travers les carreaux les visages de ceux qui l'avaient le plus blagué depuis huit jours, il se dit qu'il n'avait rien de bon à récolter là, et qu'il ferait mieux de faire demi-tour.

Il avait déjà rebroussé chemin ; mais plusieurs ouvriers l'avaient vu. Ils ouvrirent la porte, et sur le seuil lui crièrent :

— Hé Baudru ! tu vas à confesse ?

— N'oublie pas d'aller à la messe demain !

Baudru pressa le pas et se hâta de rentrer chez lui, où pour la première fois de sa vie et à la grande stupéfaction de sa ménagère, il rapporta sa paye complète.

Le lendemain de bon matin, après s'être rasé, Baudru enfila ses habits du dimanche, et comme sa femme s'étonnait de cette toilette matinale, il lui dit :

— Toute cette semaine, les camarades m'ont blagué parce que samedi j'ai eu des histoires avec Loriot et Coquillard, à propos d'un curé qui passait dans la rue et qu'ils ont insulté. Ils m'ont traité de calotin, ils m'ont accusé d'aller à la messe et à confesse, ils ont refusé de prendre l'apéritif avec moi ; eh bien ! pour leur prouver que je me fiche pas mal de tous leurs racontars, je vais y aller à la messe.

Et Baudru alla à la messe.

Et depuis, il y retourne régulièrement tous les dimanches; il a complètement lâché le bistro et, chose étrange, bien qu'il ne songe nullement à cacher ses opinions, ses camarades ont depuis longtemps perdu l'habitude de le traiter de calotin.

IV.

Une bonne idée !!

Charles Longuet était un ouvrier terrassier courageux et honnête. Il était marié et père de deux petits enfants qu'il adorait. Il n'était pas de ces ouvriers bambocheurs qui fréquentent plus volontiers le bistro que le chantier; jamais il ne s'attardait, une fois sa journée finie, à jouer au zanzibar ou à la manille. Longuet se hâtait au contraire de regagner son modeste logis où l'attendaient la soupe fumante et l'accueil affectueux de la ménagère.

Un soir en rentrant chez lui, il remarqua que sa femme « avait un drôle d'air ». Certes, elle était toujours gracieuse et souriante, mais ce soir-là elle paraissait plus gaie que de coutume.

Charles ne fut pas sans en faire la remarque :

— Qu'y a-t-il donc, ce soir, la bourgeoise ? demanda-t-il, on dirait que tu me caches quelque chose, une bonne nouvelle ; jamais je ne t'ai vue aussi joyeuse.

Aurions-nous hérité par hasard ?

— Oh non ! ce n'est pas cela, répondit Julie en riant, j'ai pourtant quelque chose à t'apprendre ; mais je te raconterai cela tout à l'heure, quand les gosses seront couchés.

*
**

Lorsque le repas fut terminé et les mioches endormis dans leurs berceaux, le terrassier alluma sa pipe, et s'adressant à sa femme, il lui dit :

— Maintenant tu peux parler, je t'écoute.

— Eh bien, voilà! déclara Julie, il m'est venu aujourd'hui une bonne idée.

Depuis quelque temps, j'avais réfléchi que tu te donnais beaucoup de mal pour faire bouillir la marmite, et que malgré toute ma bonne volonté, il ne nous avait pas été possible jusqu'à présent de mettre quelques sous de côté!

Je me disais que cela irait bien mieux si de mon côté je pouvais aussi rapporter quelque chose à la maison. Mais comment m'y prendre?

Je n'ai pas de métier, je ne sais faire qu'un peu de couture, et puis il faut bien que je m'occupe des gosses...

Bref, tout en ne croyant guère à la possibilité de réaliser mon projet, je n'y avais cependant pas renoncé, et hier encore j'en parlais à une voisine, dont le mari est employé à la Compagnie du gaz...

— Mais, me dit-elle, pourquoi n'iriez-vous pas travailler à la fabrique? vous arriverez à gagner vos quarante sous par jour comme les autres.

— Je ne demanderais pas mieux, que je lui réponds, mais que deviendraient mes gosses, pendant ce temps-là?

— Vos gosses, vous les mettriez à l'asile; ma fille, qui a dix ans, les conduirait le matin, et vous iriez les reprendre le soir. Je connais une femme qui travaille à la fabrique, et pourtant elle a quatre enfants, je vous assure qu'elle s'arrange très bien...

Toute la nuit cette conversation-là m'avait trotté par la tête; enfin, après avoir bien réfléchi à tout, je me suis dit que je pourrais bien, moi aussi, me rendre utile pour quelque chose, et ce matin, je suis allée me présenter.

— Tu aurais pu au moins me demander mon avis, interrompit Charles.

— Mais je me suis présentée tout simplement pour me renseigner sur les conditions du travail ; il est bien certain que si tu ne veux pas me donner ton consentement, je ne m'engagerai pas malgré toi. Le travail n'est pas dur du tout ; il consiste simplement à ranger des pelotes de fil dans des boîtes en carton. On est payé aux pièces, et en très peu de temps on peut facilement arriver à gagner ses quarante sous par jour.

— Ça n'est pas mal, remarqua le terrassier, ça fait douze francs par semaine !

— C'est ce que je me suis dit. Avec ce que tu gagnes, nous arrivons tout juste, avec douze francs de plus, nous serons riches ! Alors, c'est entendu, tu veux bien que je commence demain matin ?

— Tu peux toujours essayer, dit Charles, si ça ne va pas, il sera toujours temps d'aviser.

Et le lendemain matin, alerte et joyeuse, Julie entra à la fabrique.

*
* *

Lorsqu'elle rapporta sa première paye — six belles pièces de quarante sous — ce fut une fête à la maison. Charles proposa tout de suite d'aller le lendemain passer une partie de la journée au Bois de Boulogne, avec les gosses, mais la ménagère lui fit remarquer que ce n'était pas possible, car le ménage ayant été forcément négligé pendant toute la semaine, elle n'avait pas trop de toute la journée du dimanche pour opérer un nettoyage indispensable ; et de fait, lorsque Charles, après avoir passé l'après-midi dehors, histoire de sortir les gosses, revint le soir, il trouva Julie complètement exténuée et le nettoyage était loin d'être terminé.

Le lendemain matin, les deux époux partirent à leur travail, chacun de son côté, et au bout de quelques jours, ils étaient complètement familiarisés avec leur nouveau genre d'existence.

Cependant, peu à peu, et à leur insu, un grand changement s'était opéré chez les deux jeunes gens. Leur bonne humeur d'autrefois avait disparu. Lorsqu'il rentrait le soir, fatigué par son dur labeur, Charles n'était qu'à moitié satisfait lorsque sa femme lui demandait d'aller chercher des œufs chez l'épicier ou un bifteck chez le boucher. Il y allait cependant sans murmurer, mais il ne pouvait s'empêcher de songer avec regret au temps où il trouvait en rentrant son couvert mis et la soupe sur la table.

Puis, il vint un moment où le travail pressa à la fabrique, Julie dut faire des heures supplémentaires et ce fut alors à Charles qu'incomba la tâche d'aller chercher les enfants à l'école et de préparer le repas du soir. Comme il n'avait en fait de cuisine que des connaissances très rudimentaires, il arriva parfois que le menu manqua de saveur.

Enfin, au bout de deux mois, il aurait été impossible de reconnaître le coquet logement de jadis...

Au lieu du parquet soigneusement ciré, des meubles astiqués, de cet air de propreté et de santé qui réjouissait le cœur, le terrassier rentrait chaque soir dans un véritable taudis, qui n'avait absolument rien d'engageant.

Ses vêtements, même ceux de travail, autrefois si soignés se ressentaient eux aussi de l'absence de la ménagère. De tout cela Charles souffrait sans en rien dire, mais il prenait son mal en patience, en songeant aux économies rondelettes que sa femme devait avoir maintenant dans un coin de l'armoire.

Nous disons intentionnellement « devait avoir » car jamais Julie n'avait à ce sujet fait de confidences à son mari. Elle se réservait sans doute quelque jour de lui en faire l'agréable surprise.

Un soir pourtant le terrassier réussit à amener la conversation sur ce terrain brûlant, et de suite, il s'aperçut que Julie ne paraissait pas très à son aise.

Enfin elle finit par lui avouer que jamais elle n'avait pu faire la moindre économie, tout ce qu'elle avait pu gagner à la fabrique ayant été absorbé par les dépenses supplémentaires occasionnées par l'absence de la ménagère, achat de cuisine toute faite, blanchissage, etc., — de sorte qu'après trois mois de surmenage et d'ennuis de toutes sortes, ils étaient aussi pauvres qu'auparavant.

Devant ce résultat, Charles fut d'abord un peu décontenancé, puis prenant subitement son parti, il se mit à rire et dit à sa femme :

— Décidément tu as eu une « bonne idée »; qui aurait pu nous coûter rudement cher, mais je trouve que l'expérience a suffisamment duré.

Demain, tu resteras à la maison ; au diable la fabrique !

Julie a repris ses occupations de bonne ménagère. Comme par le passé, son logis est redevenu pimpant et coquet; et le bonheur des humbles — le meilleur de tous — y a de nouveau établi son nid.

V
Nouvelles du Pays

Depuis deux ans déjà, Georges Lesart, le fils du fermier de Girolle, avait quitté ses parents pour venir à Paris, faire son droit.

Il bûchait de toutes ses forces, et ce n'était qu'à de rares intervalles qu'il pouvait, en dehors des vacances, aller passer quelques jours au pays.

En revanche, il recevait de temps à autre la visite de quelques habitants du bourg, que leurs affaires appelaient à Paris. Ces visites étaient pour lui une véritable joie ; et l'étudiant accueillait à bras et à table ouverts, ces compatriotes qui venait ainsi, de temps à autre, lui rappeler le pays natal.

Ce jour-là, il avait la bonne fortune de recevoir un vieil ami de son père, le maquignon Rougeaud, un bon vivant, qui était venu s'inviter à dîner en quittant le marché de La Villette.

Lorsqu'ils furent installés dans un cabinet d'un restaurant du boulevard Saint-Michel, où le fils Lesart avait coutume de traiter ses amis, Rougeaud dut commencer par donner des nouvelles de tous les parents et connaissances, puis raconter tout ce qui s'était passé au pays depuis la dernière visite reçue. C'est ainsi que l'étudiant apprit que le troupeau du voisin Clément avait été décimé par la clavelée, que deux meules de luzerne appartenant à Mathieu Brigeois avaient été incendiées par des chemineaux, que l'école des Frères de Luseray, commune voisine de Girolle, avait été fermée par décision du gouvernement, et qu'enfin, la récolte prochaine ne s'annonçait pas trop mal.

— Ah! j'allais oublier le plus intéressant, s'écria tout à coup le maquignon, la fanfare de Girolle a eu le premier prix d'exécution et le premier prix de lecture à vue au concours de Nancy.

Et puis... et puis, il y a aussi le père Mulot, tu sais bien, le père Mulot?

— Oui, le vieux marchand de grains et d'engrais de Bouvrages, ce vieil usurier qui pressure avec tant d'âpreté nos pauvres cultivateurs? Lui serait-il arrivé quelque accident fâcheux?

— Je crois bien, il s'est pendu.

— Pas possible!

— Aussi vrai que nous sommes là tous les deux! Heureusement, des voisins sont arrivés à temps pour couper la corde, et on a pu le rappeler à la vie, mais il était temps!

— Et quelle est la cause de cet acte de désespoir? Ce n'est pas la misère, je suppose?

— Non, pas précisément... c'est la fanfare!

— Ça par exemple, ça me semble un peu difficile à comprendre. Je ne supposais pas dans tous les cas, à ce vieux grigou, des goûts artistiques assez accentués pour l'amener à...

— Il ne s'agit pas de goûts artistiques; c'est une histoire assez cocasse que je vais te raconter le plus brièvement possible : D'abord, commençons par le commencement.

— Tu connais le père Gaucheraud?

— Le meunier de Bouvrages! parbleu, si je le connais!

— Un brave homme, pas sot, mais qui tient un peu serrés les cordons de sa bourse.

— Tu connais aussi son fils Louis?

— Oui, nous avons été à l'école ensemble.

— Bon. Ça va aller tout seul.

Tu as dû entendre dire, que depuis longtemps déjà, la Fédération des Syndicats Agricoles de l'Est avait essayé de créer un syndicat dans le canton de Girolle ; le président en avait parlé à plusieurs reprises à Gaucheraud, qui au fond, approuvait l'idée en principe, mais ne voulait pas se laisser décider, parce qu'il savait bien qu'on le choisirait pour diriger le syndicat, qu'il avait peur des responsabilités, et ne voyait pas très clairement les résultats. Et puis, il avait eu le tort d'aller demander conseil à ce vieux pingre de père Mulot, qui, comme tu le penses bien, avait, lui, d'excellentes raisons pour ne pas vouloir de syndicat. L'affaire paraissait donc enterrée, lorsqu'il fut convenu que la fanfare prendrait part au concours de Nancy. Lorsque Louis Gaucheraud annonça la nouvelle à son père, le vieux l'accueillit sans le moindre enthousiasme.

— Encore une bonne occasion pour dépenser de l'argent ! ronchonna-t-il.

— Bah ! les frais ne sont pas énormes ; nous n'aurons que le voyage aller et retour à payer, les membres honoraires prennent à leur charge tous les frais supplémentaires.

Gaucheraud saisit la balle au bond.

— Allons, soupira-t-il, le voyage aller et retour de Girolle à Nancy, coûte 14 fr. 50. Voilà 15 francs, arrange-toi avec ça ; tu n'auras pas un sou de plus.

Louis empocha les trois pièces de cent sous ; mais, malheureusement, à quelques jours de là, se trouvant avec quelques amis à la fête d'un village voisin, il écorna tellement ses quinze francs, qu'il n'en restait pour ainsi dire plus la veille du jour fixé pour le départ.

Tout honteux, il dut avouer son dénuement au père Gaucheraud qui jeta les hauts cris, et déclara que c'était l'abomination de la désolation de jeter ainsi l'argent par la fenêtre.

— Pourtant, dit Louis, il faut bien que j'aille au concours, on ne peut pas se passer de moi, je suis premier piston et...

— C'est bon ! riposta le vieux. Tu iras au concours, mais je vais moi-même porter l'argent de ton billet au chef de musique, ce sera plus sûr.

Et, à l'instant même, le vieux meunier se mit en devoir d'aller trouver le chef de musique qui venait de rentrer chez lui après avoir surveillé une dernière répétition.

— Monsieur le chef, je vous apporte l'argent du billet de mon fils ; figurez-vous que ce chenapan...

Et il se mit à raconter l'histoire des quinze francs.

Quand il l'eut terminée, il tira de sa bourse de cuir trois pièces de cent sous et les posa sur la table.

— Eh ! pas tant que ça ! s'écria le musicien ; vous êtes trop généreux ! Avec deux ça suffit et j'aurai encore de la monnaie à vous rendre.

— Comment ! mais... mais le prix du voyage aller et retour c'est 14 fr. 80 !

— Pour vous, peut-être, mais pas pour nous ! dit en riant le chef de musique. Nous sommes une société, et nous bénéficions de la remise de 50 %. Pour nous, le prix du voyage est seulement de 7 fr. 50.

— Pas possible ?

— C'est comme je vous le dis ! C'est la réduction d'usage pour les membres d'une même société, voyageant ensemble, lorsque au nombre de 10 au moins, ils prennent leurs billets pour une même destination.

Le père Gaucheraud en était tout abasourdi.

En retournant chez lui, il songeait à l'étrangeté de cette aventure ; et, brusquement il se souvint des explications que lui avait données le président de la Fédération des Syndicats, relativement à l'achat en commun des engrais, des machines, des graines de semences.

« Nous sommes déjà vingt syndicats, réunissant plus de mille cultivateurs. La Fédération achète en gros, et obtient des prix très avantageux dont elle fait profiter les membres des syndicats adhérents... Il vous suffirait pour commencer de grouper en syndicat une dizaine de cultivateurs de votre commune, au bout de peu de temps, devant les importants bénéfices réalisés, tous les autres suivraient le mouvement. Nous avons des phosphates dont le dosage est garanti, et que vous paierez 50 % moins cher que chez ce vieux voleur de père Mulot... des semences de première qualité, à des prix extraordinaires... »

Tous ces détails revenaient à l'esprit du meunier et il se disait :

« Parbleu ! c'est bien clair ; c'est absolument la même chose que le chemin de fer pour la fanfare. Quand on est « en société » on paie moitié moins cher ! C'est tout simple ! »

Et le dimanche suivant, pendant que la fanfare était à Nancy, le père Gaucheraud recruta son syndicat ; il avait conservé quelques exemplaires des statuts qu'il commenta à sa façon devant une vingtaine de paysans, auxquels il ne manqua pas de raconter l'histoire des billets de chemin de fer. Le jour même, il réunit une quinzaine d'adhésions, et fit élire par les nouveaux syndiqués un bureau dont il se laissa nommer président.

Le lendemain, les statuts étaient déposés à la mairie et l'adhésion du syndicat fut adressée à la Fédération.

Quelques jours plus tard, Gaucheraud recevait le tarif des prix de vente d'engrais et de grains de semences pour les syndicats fédérés, ainsi que quelques échantillons. Les cultivateurs s'aperçurent bien vite qu'ils auraient un avantage énorme à se servir à la Fédération, et, en moins d'une semaine, tous furent inscrits au syndicat.

Ils n'eurent d'ailleurs pas à le regretter, les marchandises, malgré leur bas prix, étaient de première qualité et la récolte s'annonce superbe.

Tout le monde est enchanté du résultat de cette première expérience ; tout le monde, excepté bien entendu le père Mulot, qui a perdu d'un seul coup toute sa clientèle.

Il espérait toutefois se rattraper lors de la moisson, mais voilà-t-il pas qu'il y a trois semaines, la Fédération a annoncé qu'elle se chargerait de vendre elle-même les récoltes des syndiqués sur le marché de Paris.

Le vieux grippe-sous a compris que, cette fois, il n'avait plus rien de bon à attendre et dans un accès de désespoir, il a voulu se suicider.

— Espérons qu'il ne recommencera pas, dit en riant l'étudiant ; en réalité, il doit avoir largement de quoi vivre.

— Oh ! quand même il recommencerait avec plus de succès que la première fois, ce ne serait pas une perte sensible ; le vieux pingre n'est pas intéressant...

A ce moment, le garçon du restaurant apportait sur la table une bouteille vénérable toute gainée de toiles d'araignée. Le futur avocat remplit les verres, et levant le sien :

« A la santé du syndicat! dit-il. »

www.ingramcontent.com/pod-product-compliance
Lightning Source LLC
Chambersburg PA
CBHW060608050426
42451CB00011B/2134